Sitios emblemáticos del mundo

Lorin Driggs

Asesores

Andrea Johnson, Ph.D.
Profesora adjunta de Historia
Universidad Estatal de California, Dominguez Hills

Eileen Marthiensen, M.Ed.
Maestra, Alberta, Canadá

Brian Allman
Director
Escuelas del Condado de Upshur, Virginia Occidental

Olivia Tolich
Experta en la materia, Grados K a 6
Pearson Australia

Créditos de publicación

Rachelle Cracchiolo, M.S.Ed., *Editora comercial*
Emily R. Smith, M.A.Ed., *Vicepresidenta superior de desarrollo de contenido*
Véronique Bos, *Vicepresidenta de desarrollo creativo*
Caroline Gasca, M.S.Ed., *Gerenta general de contenido*
Dani Neiley, *Editora*
Fabiola Sepulveda, *Diseñadora gráfica de la serie*

Créditos de imágenes: pág.4 Shutterstock/TJ Brown; pág.5 Shutterstock/Grobler du Preez; pág.7 Alamy Stock Photo/World History Archive; pág.15 © Easter Island Statue Project/Jo Anne Van Tilburg; pág.17 (superior) © Look and Learn/Bridgeman Images; pág.17 (inferior) Shutterstock/Wizdata; pág.21 (inferior) Shutterstock/Rudy Mareel; pág.24 Getty Images/Jurgen Schadeberg; pág.32 Library of Congress [LC-DIG-krb-00001]; todas las demás imágenes cortesía de iStock y/o Shutterstock

Library of Congress Cataloging-in-Publication Data

Names: Driggs, Lorin, author.
Title: Sitios emblemáticos del mundo / Lorin Driggs.
Other titles: Landmarks around the world. Spanish
Description: Huntington Beach,CA : Teacher Created Materials, Inc, 2024. | Includes index. | Audience: Ages 8-18 | Summary: "Take a trip around the world. See spectacular landmarks created by Earth's natural forces. Marvel at massive pyramids built thousands of years ago. Visit an island where huge carved heads look out over the land. Explore beautiful, modern landmarks. Learn how technology has changed what people can imagine and what they can build"-- Provided by publisher.
Identifiers: LCCN 2023036391 (print) | LCCN 2023036392 (ebook) | ISBN 9798765960387 (paperback) | ISBN 9798765970676 (ebook)
Subjects: LCSH: Historic sites--Juvenile literature. | Natural monuments--Juvenile literature. | Structural engineering--Juvenile literature. | Curiosities and wonders--Juvenile literature.
Classification: LCC CC135 .D7518 2024 (print) | LCC CC135 (ebook) | DDC 910.9--dc23/eng/20230922
LC record available at https://lccn.loc.gov/2023036391
LC ebook record available at https://lccn.loc.gov/2023036392

En la portada se muestra
Angkor Wat, en Camboya.

5482 Argosy Avenue
Huntington Beach, CA 92649
www.tcmpub.com
ISBN 979-8-7659-6038-7

Printed by: 51497
Printed in: China

Tabla de contenido

aurora boreal en Yellowknife, Canadá

Muchísimo para ver

El mundo está lleno de maravillas y sitios emblemáticos. Los sitios emblemáticos son objetos o formaciones que se pueden ver fácilmente. Nos ayudan a reconocer y recordar lugares especiales.

Algunos sitios emblemáticos son maravillas naturales. Se forman por los procesos naturales de la Tierra. La corriente de los ríos, la lluvia y la nieve que se derrite cambian la forma del terreno. El viento, también. Estos cambios suceden desde hace millones de años.

Otros sitios emblemáticos se construyeron hace miles de años. Las personas siempre han usado su imaginación e inteligencia para diseñar y construir lugares especiales. Incluso antes de tener máquinas y herramientas eléctricas, crearon edificios y **monumentos** espectaculares. Muchas de estas estructuras antiguas siguen en pie.

Otros sitios fueron construidos en tiempos modernos. Hoy tenemos tecnologías avanzadas que nos ayudan a hacer edificios y monumentos. Las máquinas hacen el trabajo pesado que antes hacían las personas con sus propias manos. Usamos la tecnología para hacer realidad lo que imaginamos.

las cataratas Victoria

Maravillas naturales

Los sitios emblemáticos son como historias. Cuentan algo sobre el lugar donde están. Esto es incluso más evidente en el caso de los sitios formados por la naturaleza.

Las cataratas Victoria

Imagina que estás en el sur de África. Estás siguiendo el río Zambeze, que recorre la frontera entre Zambia y Zimbabue. Tu destino es uno de los sitios emblemáticos más extraordinarios del mundo. Todavía está lejos, pero ya oyes su poderoso rugido. A medida que te acercas, empiezas a ver algo que parece humo. Ahora estás aún más cerca y sientes que el suelo retumba. ¡Por fin has llegado! Una catarata de más de 1 milla (1.6 kilómetros) de ancho se extiende frente a tus ojos. Las columnas de agua rugen al caer. La bruma sube como si fuera humo. La fuerza del agua que choca contra el río retumba en el suelo.

las cataratas Victoria en un dibujo de 1857

Este lugar se conoce con distintos nombres. Su nombre indígena se traduce como “humo que truena”. En español se conoce como cataratas Victoria.

Las cataratas Victoria son un destino turístico muy popular entre los habitantes de África. También atrae a personas de todo el mundo. En el pasado, los conflictos **políticos** y las guerras podían interrumpir el turismo. En la actualidad, la principal amenaza es el cambio climático. Los científicos predicen que, con el tiempo, un aumento en la frecuencia de las **sequías** podría reducir el caudal de agua de las cascadas o incluso detenerlo por completo.

Las maravillas van y vienen

En el año 225 a. e. c., un escritor hizo una lista de “siete maravillas”. Estos siete lugares pasaron a conocerse como las siete maravillas del mundo antiguo. Solo una, la Gran Pirámide de Guiza, sigue existiendo. Las otras fueron destruidas por fuerzas naturales o por los seres humanos durante las guerras.

La Gran Barrera de Coral

La Gran Barrera de Coral se encuentra cerca de la costa de Australia. Es el **ecosistema** de arrecifes de coral más grande del mundo. Se extiende a lo largo de más de 1,250 millas (2,000 kilómetros). Al igual que todos los arrecifes de coral, está vivo. Los arrecifes de coral están formados principalmente por unos animales diminutos llamados *pólipos*. Los pólipos vivos del coral se unen a los esqueletos de pólipos muertos que están en el arrecife. Cuando mueren, su cuerpo se endurece y se forma un esqueleto. El arrecife va creciendo a medida que se unen más y más pólipos.

La Gran Barrera de Coral tiene el ecosistema de arrecifes más **diverso** del mundo. Hay 450 especies de coral duro en el arrecife. Los científicos han descubierto que en ese lugar viven más de 1,500 especies de peces. Los peces se refugian en el arrecife. También buscan alimento y protegen a sus crías allí.

vista aérea de la Gran Barrera de Coral

pez mariposa entramado

La Gran Barrera de Coral es un destino muy popular para bucear.

Los arrecifes de coral sanos son hermosos. Esta es una de las razones por las que la Gran Barrera de Coral atrae a tantos turistas. Más de 60,000 personas tienen empleos relacionados con el arrecife. Los turistas deben contratar guías para visitarlo. Deben tomar un barco o un bote para llegar hasta allí. También necesitan equipos de pesca o de buceo. Además, necesitan lugares donde hospedarse y donde comer. Así es cómo el arrecife genera puestos de trabajo que son buenos para la **economía** de Australia. Sin embargo, está en juego un equilibrio muy delicado. Si los turistas dañan el arrecife por accidente, el frágil medioambiente se perturba. Y los corales se perjudican.

¿Qué está pasando con los arrecifes?

En todo el mundo, los arrecifes de coral están en problemas. Sufren por la contaminación del océano. También, por el cambio climático. Estas y otras amenazas causan daños en los arrecifes. Y esto puede provocar la muerte de los pólipos del coral. Los científicos están buscando maneras de proteger los arrecifes sanos y reconstruir los dañados.

arrecife de coral muerto

aurora boreal en Noruega

La aurora boreal: una maravilla natural

La aurora boreal no es un sitio emblemático, pero sí es una maravilla natural. Su nombre significa “amanecer del norte”. Esta maravilla puede verse en muchos lugares. Pero a veces no hay certeza de que aparezca, ni siquiera en esos lugares. Es tan hermosa como misteriosa.

La aurora boreal está formada por rayos de luz brillantes y coloridos que ondulan y titilan en el cielo. Algunas personas dicen que parece una cortina de luces de colores que bailan en el cielo.

Explicaciones acerca de la aurora boreal

Hay muchas leyendas inuits sobre la aurora boreal. Una de ellas cuenta que son espíritus que juegan a la pelota en el cielo. Según la tradición inuit, las luces se forman cuando los espíritus de las personas que murieron juegan a la pelota con el cráneo de una morsa.

mujer inuit

Los científicos descubrieron que estas coloridas proyecciones se producen cuando las partículas de luz solar chocan con la atmósfera de la Tierra. La Tierra está rodeada por un **campo magnético**. Cuando las partículas de luz solar chocan con ese campo, comienza el espectáculo de luces. Cerca del Polo Norte, el campo magnético es muy fuerte. Por eso, los mejores lugares para ver la aurora boreal se encuentran bien al norte. Hay muchas probabilidades de verla en Alaska, Noruega, Suecia, Finlandia, Groenlandia y el norte de Canadá. El mejor momento es en una noche oscura y despejada.

El Polo Sur también tiene un campo magnético fuerte. Por eso, este tipo de luces también aparecen allí. Reciben el nombre de *aurora austral*, o “amanecer del sur”.

aurora austral

Regalos que llegan del pasado

Muchos sitios magníficos del mundo fueron creados por personas que vivieron hace mucho tiempo. Se construyeron sin máquinas ni materiales modernos. Y, sin embargo, se mantienen en pie desde hace miles de años.

Las pirámides de Guiza

Tres pirámides enormes se alzan en medio del desierto cerca de la ciudad de Guiza, en Egipto. Los egipcios construyeron las pirámides de Guiza hace más de 4,000 años. Las pirámides funcionaban como tumbas de los **faraones**; es decir, eran lugares diseñados para enterrar y proteger el cuerpo de los faraones después de su muerte.

La pirámide más grande se construyó con más de dos millones de piedras gigantes. Originalmente, tenía una altura de 482 pies (147 metros). Las piedras están apiladas de una manera muy precisa, de modo que forman lados lisos y uniformes que se unen en la punta.

ilustración de egipcios construyendo una pirámide

El pueblo del antiguo Egipto construyó las pirámides sin la ayuda de máquinas topadoras, camiones ni grúas. No tenían computadoras para hacer el diseño. No podían encargar materiales por internet. Los expertos han tratado de comprender cómo los egipcios fueron capaces de construir esas estructuras monumentales. Claramente, participaron muchas personas, que trabajaron muchísimo. Usaron herramientas manuales para tallar la roca y formar los bloques de piedra. Es probable que después cargaran las piedras en trineos muy grandes. Luego, los trabajadores jalaban el pesado cargamento y lo llevaban hasta el sitio de construcción. ¿Cómo levantaban las piedras para apilarlas? Todavía no está claro.

Constructores de pirámides en el mundo

Los egipcios no fueron los únicos que construyeron pirámides. En otras partes de África también hay este tipo de estructuras. Los mayas y los aztecas en América Central también lo hicieron. Los incas en América del Sur fueron otra civilización que construyó pirámides. Otros pueblos indígenas construyeron la pirámide del Sol y la pirámide de la Luna en México. Muchas de esas pirámides siguen en pie.

la pirámide del Sol

Los moáis de Rapa Nui, en Chile

Imagina que estás viajando en barco hacia una isla pequeña en el sur del océano Pacífico. A medida que te acercas, distingues unas figuras grandes a lo largo de la costa. Ya más de cerca, ves que todas tienen forma humana y una enorme cabeza. Estas estatuas son los moáis de la isla de Rapa Nui. *Moái* significa "estatua". La isla también se conoce como Isla de Pascua. Los exploradores neerlandeses la nombraron así porque llegaron a la isla un domingo de Pascuas.

Estas estatuas generan muchas preguntas. ¿Quién las construyó? ¿Cómo lo hicieron? ¿Cómo las trasladaron? ¿Cómo lograron que quedaran firmes? Los **arqueólogos** y otros expertos han respondido algunas de estas preguntas. Otras siguen siendo un misterio.

Las estatuas se crearon hace siglos. Los expertos creen que el pueblo rapanui las construyó para conmemorar a líderes importantes del pasado. Los moáis fueron tallados en una **cantera**. Algunos fueron trasladados hasta donde están hoy. Otros siguen en la cantera. Los arqueólogos han encontrado casi 900 moáis. Es posible que se descubran más en el futuro.

Quienes crearon los moáis llegaron a la isla hace más de 1,000 años. Hoy en día, hay **descendientes** de estos primeros **pobladores** que siguen viviendo en Rapa Nui. La economía del lugar se basa, en gran parte, en el turismo que llega para ver los moáis.

En promedio, los moáis miden 13 pies (4 metros) de altura.

Parque nacional de Rapa Nui

Todavía hay más

Las personas suelen decir que los moáis son cabezas, pero es probable que tengan cuerpo. Los científicos creen que el cuerpo de los moáis quedó sepultado con el tiempo bajo la tierra que fue cayendo de las montañas y los cerros de la isla. El moái más alto mide 33 pies (10 metros), contando desde el suelo.

La Gran Muralla China

La Gran Muralla China es una "gran" muralla por varias razones. Medía 13,171 millas (21,196 kilómetros) de largo cuando se construyó. Como punto de comparación, ¡la distancia entre el Polo Norte y el Polo Sur es solo de unas 12,400 millas (19,956 kilómetros)! En realidad, la Gran Muralla es un conjunto de murallas. La construcción comenzó hace casi 3,000 años. En ese momento, las regiones de China estaban gobernadas por distintas personas. Los gobernantes construyeron murallas para detener el paso de sus enemigos. Con el tiempo, se fueron agregando más secciones. Hoy en día, muchas partes de la muralla están **erosionadas**. Están en ruinas. Pero algunas secciones se mantienen en buen estado.

Una solución ingeniosa y... pegajosa

Los ladrillos de la Gran Muralla están "pegados" con una mezcla de cal y arroz glutinoso. La mezcla es tan fuerte que hasta ha resistido terremotos. El mismo material también se ha usado en otras estructuras chinas que perduran desde hace siglos.

ilustración de la construcción de la Gran Muralla

Nadie sabe con seguridad cuántas personas trabajaron en la construcción de la Gran Muralla. Pero la tarea fue muy difícil. Y también muy peligrosa.

Se construyeron torres de vigilancia en distintos puntos de la muralla. Desde allí, los soldados podían divisar a los **invasores**. Cuando veían a un enemigo, les enviaban señales a los guardias que estaban en otras torres. Se comunicaban con humo durante el día y con fuego durante la noche.

En la actualidad, la Gran Muralla es un símbolo de la larga historia de China. Representa la **cultura** de ese país. Además, es un símbolo de fuerza. Millones de turistas la visitan año tras año. Cuando los líderes de otros países van a China, a veces también visitan la Gran Muralla.

Angkor Wat, en Camboya

Si sobrevolaras Angkor Wat, verías una **fosa** ancha que rodea una isla rectangular. Verías cinco templos y sus chapiteles con tallados elaborados. Verías miles de otros edificios distribuidos en 400 acres (160 hectáreas). Angkor Wat es el monumento religioso más grande de la Tierra. Su diseño y su estilo son originales del pueblo jemer de Camboya.

Angkor Wat significa "ciudad de templos". Se construyó hace casi 900 años como un centro religioso hindú. Más adelante, se transformó en un centro budista. Ambas religiones siguen practicándose en Camboya. Los descendientes de quienes diseñaron y construyeron Angkor Wat aún viven en las cercanías.

Las cinco torres centrales representan las cinco cumbres del monte Meru, un lugar **sagrado** para los hindúes y los budistas. Lo consideran el centro del universo y el hogar de los dioses.

Angkor Wat está lleno de obras de arte magníficas. Hay figuras esculpidas sobre los muros. Hay esculturas y pinturas. Estas obras cuentan la historia y las creencias del pueblo jemer.

El templo de Bayón tiene pilares con caras talladas en piedra.

En un año típico, Angkor Wat y sus alrededores reciben más de dos millones de visitantes. Es un destino religioso y turístico muy popular. Incluso hay una imagen de Angkor Wat en la bandera de Camboya.

Un árbol muy especial

Hay un tipo de higuera que es sagrada para el hinduismo y el budismo. Algunos la llaman "higuera estranguladora". A veces, sus raíces crecen sobre otros árboles y los matan. También crecen sobre edificios e incluso han cubierto algunos templos de la región de Angkor.

El Guggenheim alberga cientos de obras de arte moderno.

Íconos modernos

Para los diseñadores y los constructores de hoy, lo que antes era imposible ahora es posible. La tecnología y la ciencia están presentes en todas las etapas de su trabajo. Los materiales nuevos son más fuertes. Casi no hay límites para la creación.

El Museo Guggenheim, en España

En Bilbao, España, se alza junto a un río un edificio que resplandece bajo la luz del sol. Es el Museo Guggenheim Bilbao. Sus lados son curvos y ondulados. Está recubierto de láminas de titanio. El titanio es un metal duro pero liviano a la vez. No se oxida. Parece cambiar de color según el clima y la luz. **Arquitectos** de todo el mundo han elogiado este edificio. Uno de ellos lo describió como "el mejor edificio de nuestro tiempo".

El interior del museo es tan impactante como el exterior. Sus tres niveles se conectan mediante pasillos curvos, ascensores y escaleras. Las galerías tienen formas irregulares. El sitio web del museo explica que estos recursos ofrecen variedad a los visitantes para que no se sientan agobiados.

En la actualidad, más de un millón de personas visitan Bilbao cada año. Los turistas disfrutan del Museo Guggenheim, donde hay muchas obras de arte. Las obras se exhiben en 20 galerías distintas. Algunas muestras son permanentes: están siempre en el museo. Otras muestras son temporales: pueden verse por un tiempo limitado. Así, el museo puede exhibir la obra de distintos artistas. Y los visitantes tienen la posibilidad de volver y admirar nuevas obras de arte.

La gran araña

Muchas obras de arte se exhiben en el exterior del Museo Guggenheim Bilbao. Una es una escultura gigante de una araña, creada por la artista Louise Bourgeois. Está hecha de bronce, acero inoxidable y mármol. Mide más de 30 pies (9.1 metros) de alto.

El viaducto de Millau, en Francia

Hay sitios emblemáticos de todo tipo. Algunos son edificios impresionantes. Otros son lugares espectaculares de la naturaleza. O pueden ser puentes que parecen obras de arte.

El **viaducto** de Millau es famoso por su belleza. Además, es notable por el diseño que lo hizo posible. La parte más alta del puente se encuentra a más de 1,125 pies (342.9 metros) del suelo, por lo que tiene el récord de ser el puente más alto del mundo.

Este hermoso puente fue construido para solucionar un problema muy común: el tránsito. Muchas personas de Francia viajan en auto al sur del país o a España durante las vacaciones de verano. Cerca de la ciudad de Millau, las calles bajaban en zigzag hacia un valle. Luego, volvían a subir y seguían hacia el sur. Este diseño generaba muchos atascos. Estaba claro que la construcción de un puente que cruzara el valle solucionaría el problema. El desafío era diseñar uno que fuera lo suficientemente alto y fuerte. Un arquitecto británico y un **ingeniero estructural** francés elaboraron el plan. La construcción comenzó en 2001. El puente se inauguró en 2004.

Además de ser una ruta para los automóviles, el puente mismo es una atracción turística muy popular. Tiene un centro para visitantes con muestras sobre su diseño y su construcción. También ofrece excelentes vistas y es un gran lugar para tomar fotos del puente.

El viaducto de Millau es de acero y hormigón.

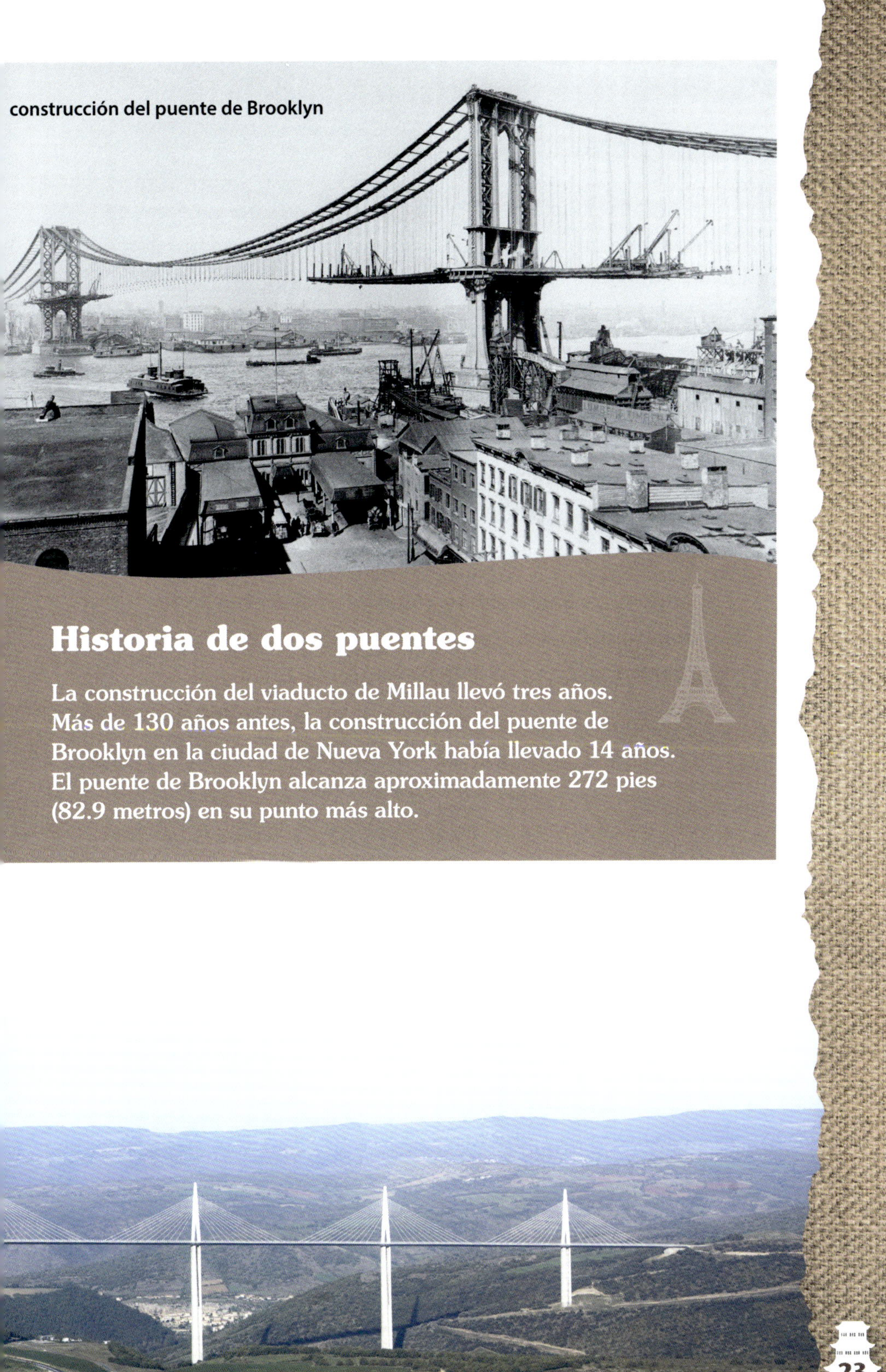
construcción del puente de Brooklyn

Historia de dos puentes

La construcción del viaducto de Millau llevó tres años. Más de 130 años antes, la construcción del puente de Brooklyn en la ciudad de Nueva York había llevado 14 años. El puente de Brooklyn alcanza aproximadamente 272 pies (82.9 metros) en su punto más alto.

La escultura de Nelson Mandela, en Sudáfrica

En 1962, la policía detuvo a un hombre en una carretera de Sudáfrica. Lo arrestó por su activismo político. Ese hombre era Nelson Mandela. Y pasó los siguientes 27 años en prisión.

Mandela se hizo conocido en el mundo mientras estaba en la cárcel. Lideró un movimiento. Luchó por la igualdad de derechos de más de la mitad de las personas de Sudáfrica. Allí había un sistema llamado ***apartheid***. Permitía discriminar a las personas de la mayoría principalmente negra y a otras personas que no eran blancas. La minoría blanca tenía todo el poder del gobierno. Mandela y otros lucharon contra ese sistema.

Mandela fue liberado en 1990. Cuatro años más tarde, fue elegido presidente de Sudáfrica. Por primera vez en la historia, los sudafricanos negros pudieron votar.

En la misma carretera donde lo arrestaron, ahora hay un tributo a Mandela. Es una creación del artista Marco Cianfanelli. La obra se llama *Release* ("liberación"). Desde distintos ángulos, la escultura parece una serie de barras de acero altas y dentadas. Pero vista desde el ángulo justo, aparece la cara de Nelson Mandela. Las barras representan la cárcel donde Mandela pasó tantos años. Pero también dejan ver al hombre que no dejó que las barras lo silenciaran.

Nelson Mandela visita su antigua celda de la cárcel.

Release de
Marco Cianfanelli

La piedra de la esperanza

Martin Luther King Jr. fue uno de los líderes del movimiento por los derechos civiles de Estados Unidos. Hay una imponente estatua de su figura en Washington D. C. En el monumento, hay frases que King dijo durante su vida. También incluye parte de su famoso discurso "Tengo un sueño". La cita completa es: "Con esta fe, podremos tallar en la montaña de desesperación una piedra de esperanza".

Legados emblemáticos

En muchos lugares del mundo hay maravillas y sitios emblemáticos. Son de distinto tipo.

Algunos sitios emblemáticos son obra de la Tierra. En estos casos, la naturaleza forma algo que nos asombra.

Otros sitios se construyeron hace mucho tiempo. Sin máquinas ni otras tecnologías, las personas usaron sus capacidades, la determinación, la imaginación y la inteligencia para crear cosas que han perdurado. Estos sitios nos muestran cómo era la vida en el pasado. Nos cuentan qué sabían y creían esas personas. Nos dicen qué era importante para ellos. Algunas de estas maravillas resistieron el paso del tiempo y las condiciones meteorológicas.

la Gran Esfinge de Guiza, en Egipto

Horseshoe Bend, en Arizona

la Torre Eiffel, en Francia

Algunos lugares emblemáticos se crearon con tecnología moderna. Ahora las personas usan su inteligencia y su creatividad para hacer que las cosas sean más grandes, más fuertes, más útiles y más hermosas. Cuando vemos estas maravillas, a veces nos preguntamos si hay un límite para lo que puede crear el ser humano. Si alguien puede imaginarlo, es probable que pueda hacerse.

¿Qué sitios emblemáticos te gustaría ver? ¿A qué lugares del mundo irás para verlos? Si pudieras crear tu propio sitio emblemático, ¿cómo sería?

Una conexión sorprendente

La Estatua de la Libertad, que está en la ciudad de Nueva York, fue un regalo de los franceses. La Torre Eiffel, que está en la ciudad de París, en Francia, es un sitio emblemático muy famoso. La misma persona que diseñó la Torre Eiffel también diseñó una parte de la estatua.

¡Haz un mapa!

En un grupo pequeño, haz un mapa para turistas que viajen de tu comunidad a uno de los sitios emblemáticos que aparecen en este libro.

1. Escojan el país que visitarán los turistas. Dibujen el contorno del país. Marquen y rotulen el destino específico dentro del país.
2. Escriban una descripción breve del lugar. Pónganle un título al mapa.
3. Creen rótulos y dibujos pequeños, u otros elementos gráficos, para mostrar por lo menos otros tres sitios emblemáticos del país. Por ejemplo, ¿hay algún museo importante? Rotúlenlo y dibujen un edificio en el mapa para señalarlo.
4. Rotulen las masas de agua importantes si las hay. También rotulen la capital.
5. Cuando terminen el mapa, únanse con otro grupo. Preséntenle su mapa al otro grupo. Lean la descripción que escribieron y expliquen por qué escogieron los sitios emblemáticos de su mapa.

El Cairo y el río Nilo

Egipto

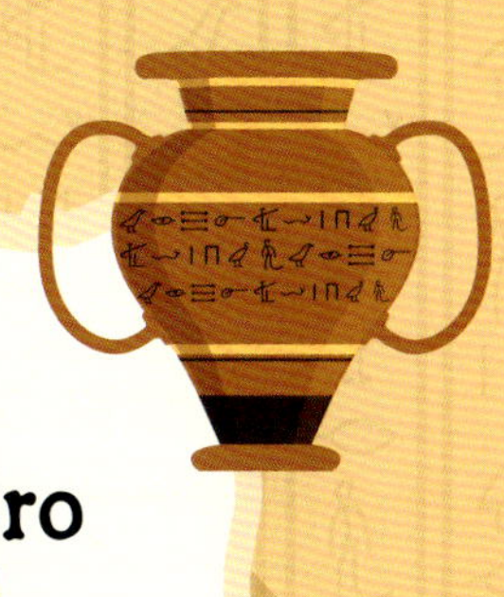

El Cairo

Guiza

Río Nilo

Lúxor

Valle de los Reyes

Abu Simbel

Glosario

apartheid: una antigua política de segregación y discriminación contra las personas no blancas en Sudáfrica

arqueólogos: científicos que estudian objetos que dejaron las personas de la antigüedad con el objetivo de aprender cómo era la vida humana en el pasado

arquitectos: personas que diseñan edificios

campo magnético: un espacio que recibe la influencia de una fuerza magnética

cantera: un lugar donde se excava y se extraen grandes cantidades de piedra del suelo

cultura: creencias, costumbres, obras de arte, etcétera, de una sociedad, un grupo, un lugar o una época determinados

descendientes: familiares de personas o de grupos que vivieron en el pasado

diverso: formado por personas o cosas que son diferentes entre sí

economía: el sistema con el que se producen, se venden y se compran bienes y servicios en un lugar determinado

ecosistema: un grupo de seres vivos y elementos no vivos que son parte de un medioambiente y se relacionan entre sí

erosionadas: gastadas con el tiempo por la acción del agua, el viento o el hielo glaciar

faraones: antiguos reyes de Egipto

fosa: una zanja ancha y profunda llena de agua que rodea un lugar para protegerlo de ataques

ingeniero estructural: una persona con conocimientos científicos que diseña y construye edificios, puentes y otras estructuras complejas

invasores: personas que entran en un lugar y toman el control por la fuerza

monumentos: edificios, estatuas o lugares que conmemoran a una persona o un suceso

pobladores: personas que viven en un lugar determinado

políticos: relacionados con la política o el gobierno

sagrado: muy valioso o importante por razones religiosas

sequías: períodos largos en los que llueve muy poco o no llueve

viaducto: un puente largo y alto que lleva una ruta o una vía de ferrocarril por encima de un valle, un río u otra cosa

Índice

peces estandartes de aleta larga y peces cirujanos amarillos

¡Aprende más!

Hay miles de sitios emblemáticos creados por el ser humano en todo el mundo. Hay lugares conmemorativos, monumentos, puentes, museos y más. Todos tienen una historia única. Hagamos una búsqueda más específica para aprender más sobre un sitio emblemático en particular.

- Escoge un sitio emblemático del mundo creado por el ser humano para aprender más sobre él. Investiga quién lo creó y cuándo se construyó.
- Haz un cuadernillo sobre el sitio y las personas que ayudaron a crearlo.
- Ilustra el cuadernillo con tus propios dibujos. Por lo menos uno de los dibujos debe ser del sitio que escogiste. También debes incluir un dibujo de la persona o las personas que lo crearon.

Eero Saarinen diseñó el Arco Gateway de San Luis, Misuri.